Wer mein Schweigen nicht annimmt,
dem habe ich nichts zu sagen.

Wolfgang Bächler

Sanftes Leben wächst im Stillen

Mit Bildern von Sulamith Wülfing

ars edition

Ausstattung und Herstellung: ars edition, München
Printed in West Germany · ISBN 3-7607-3040-X

Träumerei

Sanftes Leben wächst im Stillen
Schritt und Herz durchs Grüne eilt
Liebendes an Hecken weilt,
Die sich schwer mit Düften füllen.

Buche sinnt; die feuchten Glocken
sind verstummt, der Bursche singt
Feuer Dunkeles umschlingt
O Geduld und stumm Frohlocken.

Frohen Mut gib noch zum Ende
Schön beseelte, stille Nacht,
Goldnen Wein, den dargebracht
Einer Schwester blaue Hände.

Georg Trakl

Glück

Nun sind vor meines Glückes Stimme alle Sehnsuchtsvögel weggeflogen.
Ich schaue still den Wolken zu, die über meinem Fenster in die Bläue jagen –
Sie locken nicht mehr, mich zu fernen Küsten fortzutragen,
Wie einst, da Sterne, Wind und Sonne wehrlos mich ins Weite zogen.
In deine Liebe bin ich wie in einen Mantel eingeschlagen.
Ich fühle deines Herzens Schlag, der über meinem Herzen zuckt.
Ich steige selig in die Kammer meines Glückes nieder,
Ganz tief in mir, so wie ein Vogel, der ins flaumige Gefieder
Zu sommerdunklem Traum das Köpfchen niederduckt.

Ernst Stadler

Er ists

Frühling läßt sein blaues Band
Wieder flattern durch die Lüfte;
Süße, wohlbekannte Düfte
Streifen ahnungsvoll das Land.
Veilchen träumen schon,
Wollen balde kommen.
– Horch, von fern ein leiser Harfenton!
Frühling, ja du bists!
Dich hab ich vernommen!

Eduard Mörike

Damendienst

Die Schleppe will ich dir tragen,
Ich will deinem Wink mich weihn,
An Festen und hohen Tagen!
Sollst du meine Königin sein!

Deiner Launen geheimste und kühnste
Gehorsam erfüll ich dir;
Doch leid ich in diesem Dienste
Keinen andern neben mir.

Solang ich dir diene in Ehren,
Gehöret dein Lächeln mein;
Deinen Hofstaat will ich vermehren;
Doch der Erste will ich sein.

Theodor Storm

Im Walde

Hier an der Bergeshalde
Verstummet ganz der Wind;
Die Zweige hängen nieder,
Darunter sitzt das Kind.

Sie sitzt in Thymiane,
Sie sitzt in lauter Duft;
Die blauen Fliegen summen
Und blitzen durch die Luft.

Es steht der Wald so schweigend,
Sie schaut so klug darein;
Um ihre braunen Locken
Hinfließt der Sonnenschein.

Der Kuckuck lacht von ferne,
Es geht mir durch den Sinn:
Sie hat die goldnen Augen
Der Waldeskönigin.

Theodor Storm

Julikinder

Wir Kinder im Juli geboren
Lieben den Duft des weißen Jasmin,
Wir wandern an blühenden Gärten hin
Still und in schwere Träume verloren.

Unser Bruder ist der scharlachene Mohn,
Der brennt in flackernden roten Schauern
Im Ährenfeld und auf den heißen Mauern,
Dann treibt seine Blätter der Wind davon.

Wie eine Julinacht will unser Leben
Traumbeladen seinen Reigen vollenden,
Träumen und heißen Erntefesten ergeben,
Kränze von Ähren und rotem Mohn in den Händen.

Hermann Hesse

Die Liliennymphe

Gott hat mein Kleid gesticket ohn mein Sorgen,
Mit Silber mich beglücket spat und morgen;
Die Lilie, szeptergleich gestaltet,
Hoch über alle Blumen waltet, mit Pracht
beschmücket.

Der weise König Salomon den Lilien weicht,
Sein hoher Thron und Königskron sich mir nicht
gleicht;
Weil ihn der Weiber Lust verführet,
Ist er nicht wie ich bin gezieret, weiß, rein und schön.

Der in erhabnen Würden lebt und ist befleckt,
In dessen Herz und Munde schwebt, was ihn ersteckt.
Die aber reine Geister haben,
In denen sind des Höchsten Gaben bald aufgeweckt.

Georg Philipp Harsdörffer

Nixe im Grundquell

Nun in dieser Frühlingszeit
Ist mein Herz ein klarer See,
Drin versank das letzte Leid,
Draus verflüchtigt sich das Weh.

Spielend meine Seele ruht,
von der Sonne überhaucht,
Und mit Lieb' umschließt die Flut,
Was sich in dieselbe taucht.

Aber auf dem Grunde sprüht
Überdies ein Quell hervor,
Welcher heiß und perlend glüht
Durch die stille Flut empor.

Und im Quelle badest du,
Eine Nix' mit goldnem Haar;
Oben deckt den Zauber zu
Das Gewässer tief und klar.

Gottfried Keller

Deiner ernsten Engel einen
stell am Rand der Sehnsucht hin
und befiehl ihm, daß er meinen
Schwestern sagt: Ihr werdet weinen –
Denn es sind die Rosenreinen
allen Prüfungen und Peinen
wie ein Spiel von Anbeginn.

Weil sie überwunden wähnen,
was die Kindheit kindisch litt,
gehn sie lächelnd zwischen Zähnen, –
und sie tragen keine Tränen
in die neuen Leiden mit...

Rainer Maria Rilke

Ich und Du

Wir träumten voneinander
Und sind davon erwacht,
Wir leben, um uns zu lieben,
Und sinken zurück in die Nacht.

Du tratst aus meinem Traume,
Aus deinem trat ich hervor,
Wir sterben, wenn sich eines
Im andern ganz verlor.

Auf einer Lilie zittern
Zwei Tropfen, rein und rund,
Zerfließen in eins und rollen
Hinab in des Kelches Grund.

Friedrich Hebbel

Lichter

Das Glitzern des Glühwürmchens
begleitet den Schritt der Nacht

Darüber leuchtet der Honigmond
mit blondem Gesicht

Ringsum die Silbersterne
jeder Funke eine Welt
Pulsschläge des Raumes

Am Morgen
steigt das stärkste Licht
am Himmel empor
umwirbt die Erde
mit Strahlenworten

Wir
in Verbindung mit Lichtern
aus allen Zonen
halten die Lebensfackel
in unsrer sterblichen Hand

Rose Ausländer

Sommer

Am Abend schweigt die Klage
Des Kuckucks im Wald.
Tiefer neigt sich das Korn,
Der rote Mohn.

Schwarzes Gewitter droht
Über dem Hügel.
Das alte Lied der Grille
Erstirbt im Feld.

Nimmer regt sich das Laub
Der Kastanie.
Auf der Wendeltreppe
Rauscht dein Kleid.

Stille leuchtet die Kerze
Im dunklen Zimmer;
Eine silberne Hand
Löschte sie aus;

Windstille, sternlose Nacht.

Georg Trakl

Die Zeit geht nicht

Die Zeit geht nicht, sie stehet still,
Wir ziehen durch sie hin;
Sie ist ein' Karawanserei,
Wir sind die Pilger drin.

Ein Etwas, form- und farbenlos,
Das nur Gestalt gewinnt,
Wo ihr drin auf und nieder taucht,
Bis wieder ihr zerrinnt.

Es blitzt ein Tropfen Morgentau
Im Strahl des Sonnenlichts;
Ein Tag kann eine Perle sein
Und ein Jahrhundert nichts.

Es ist ein weißes Pergament
Die Zeit, und jeder schreibt
Mit seinem roten Blut darauf,
Bis ihn der Strom vertreibt.

An dich, du wunderbare Welt,
Du Schönheit ohne End',
Auch ich schreib' meinen Liebesbrief
Auf dieses Pergament.

Froh bin ich, daß ich aufgeblüht
In deinem runden Kranz;
Zum Dank trüb' ich die Quelle nicht
Und lobe deinen Glanz.

Gottfried Keller

Blauer Schmetterling

Flügelt ein kleiner blauer
Falter vom Wind geweht,
Ein perlmutterner Schauer,
Glitzert, flimmert, vergeht.
So mit Augenblicksblinken,
So im Vorüberwehn
Sah ich das Glück mir winken,
Glitzern, flimmern, vergehn.

Hermann Hesse

An den Mond

Schwester von dem ersten Licht,
Bild der Zärtlichkeit in Trauer,
Nebel schwimmt mit Silberschauer
Um dein reizendes Gesicht.
Deines leisen Fußes Lauf
Weckt aus tagverschlossnen Höhlen
Traurig abgeschiedne Seelen,
Mich und nächt'ge Vögel auf.

Forschend übersieht dein Blick
Eine großgemessne Weite.
Hebe mich an deine Seite,
Gib der Schwärmerei dies Glück!
Und in wollustvoller Ruh
Säh der weitverschlagne Ritter
Durch das gläserne Gegitter
Seines Mädchens Nächten zu.

Dämmrung, wo die Wollust thront,
Schwimmt um ihre runden Glieder.
Trunken sieht mein Blick hernieder –
Was verhüllt man wohl dem Mond!
Doch was das für Wünsche sind!
Voll Begierde zu genießen,
So da droben hängen müssen –
Ei, da schieltest du dich blind!

Johann Wolfgang von Goethe

Blumen

Sie kommen aus dem Schoß der Nacht;
Doch wären unten sie geblieben,
Wenn nicht das Licht mit seiner Macht
Hinauf ins Leben sie getrieben.

Holdselig aus der Erde bricht's
Und blüht nun über alle Schranken;
Du bist der Freund des holden Lichts;
Laß dir des Lichtes Kinder danken!

Theodor Storm

Aus den Himmelsaugen droben
Fallen zitternd goldne Funken
Durch die Nacht, und meine Seele
Dehnt sich liebeweit und weiter.

O, ihr Himmelsaugen droben!
Weint euch aus in meine Seele,
Daß von lichten Sternentränen
Überfließet meine Seele.

Heinrich Heine

Hörst du?

Schlafe du! Wie wär ich gerne,
Wo dein träumend Antlitz glüht!
Schlafe du! Aus weiter Ferne
Lull dich ein mein Schlummerlied.

Schlafe du und schließ die müden,
Schließ die blauen Augen zu!
In des Herzens Kinderfrieden
Schlafe du, schlafe du!

Leb ich auch in weiter Ferne,
Durch die Träume geht das Lied –
Schlafe du! Wie wär ich gerne,
Wo dein träumend Antlitz glüht!

Theodor Storm

Drei Träume I

Mich däucht, ich träumte von Blätterfall,
Von weiten Wäldern und dunklen Seen,
Von trauriger Worte Widerhall –
Doch konnt' ich ihren Sinn nicht verstehn.

Mich däucht, ich träumte von Sternenfall,
Von blasser Augen weinendem Flehn,
Von eines Lächelns Widerhall –
Doch konnt' ich seinen Sinn nicht verstehn.

Wie Blätterfall, wie Sternenfall,
So sah ich mich ewig kommen und gehn,
Eines Traumes unsterblicher Widerhall –
Doch konnt' ich seinen Sinn nicht verstehn.

Georg Trakl

Neige

O geistlich Wiedersehn
Im altem Herbst.
Gelbe Rosen
Entblättern am Gartenzaun,
Zu dunkler Träne
Schmolz ein großer Schmerz,
O Schwester!
So stille endet der goldne Tag.

Georg Trakl

Mutterliebe

So weich und warm
Hegt dich kein Arm,
Wie dich der Mutter Arm umfängt.
Nie findest du
So süße Ruh,
Als wenn dein Aug an ihrem hängt.

Und kehrt ergreist
Dem müden Geist
Noch manch ein Jugendbild zurück,
Es grüßt dich keins
So milden Scheins,
Wie deiner Mutter Segensblick.

O führt dich nicht
Dies liebe Licht
Ins dunkle Leben treulich ein,
Ob auch die Welt
Sich dir gesellt,
Bist dennoch mutterseelenallein!

Paul Heyse

Unterm Schwesternamen

Mein Schwesterchen hat mir den Strauß geschenkt
Aus Herbstlaub und Silberscheide.
Um seine herben Farben hängt
Ein Abend weich wie Seide.

Ich habe, was beglückt und bedrängt,
Aus klingendem Buch vorgelesen.
Mein Schwesterchen hält den Kopf gesenkt
Und stickt an Fabelwesen.

Und hie und da eine Locke zwängt
Sich ins Goldengrüne, Lichte,
Und wie sie die Wimpern hebt und senkt,
Da wachsen im Dämmer Gedichte.

Und wie der Bruder von Schwesterchen denkt?
...Er liest von Glück und Leide.
Mein Schwesterchen hat mir den Strauß geschenkt
Aus Herbstlaub und Silberscheide.

Oskar Loerke

Im Schnee

Wie naht das finster türmende
Gewölk so schwarz und schwer!
Wie jagt der Wind, der stürmende,
Das Schneegestöber her!

Verschwunden ist die blühende
Und grüne Weltgestalt;
Es eilt der Fuß, der fliehende,
Im Schneefeld naß und kalt.

Wohl dem, der nun zufrieden ist
Und innerlich sich kennt!
Dem warm ein Herz beschieden ist,
Das heimlich loht und brennt!

Wo, traulich sich dran schmiegend, es
Die wache Seele schürt,
Ein perlend, nie versiegendes
Gedankenbrauwerk rührt!

Gottfried Keller

Ich sehe dich in tausend Bildern,
Maria, lieblich ausgedrückt,
Doch keins von allen kann dich schildern,
Wie meine Seele dich erblickt.

Ich weiß nur, daß der Welt Getümmel
Seitdem mir wie ein Traum verweht,
Und ein unnennbar süßer Himmel
Mir ewig im Gemüte steht.

Novalis

1955

Zum neuen Jahr

Wie heimlicher Weise
Ein Engelein leise
Mit rosigen Füßen
Die Erde betritt,
So nahte der Morgen.
Jauchzt ihm, ihr Frommen,
Ein heilig Willkommen,
Ein heilig Willkommen!
Herz, jauchze du mit!

In Ihm sei's begonnen,
Der Monde und Sonnen
An blauen Gezelten
Des Himmels bewegt.
Du Vater, du rate!
Lenke du und wende!
Herr, dir in die Hände
Sei Anfang und Ende,
Sei alles gelegt!

Eduard Mörike

Inhalt

Sulamith Wülfing,

Jahrgang 1901, zeichnete ihren ersten Engel im Alter von vier Jahren. Wie ihre anderen Gestalten – Gnome, Feen, Ritter und die heilige Jungfrau – war auch dieser Engel eine Vision, die mit künstlerischen Mitteln festzuhalten ihr ein lebenslanges Bedürfnis blieb. Seit über fünfzig Jahren finden ihre filigranartigen, vergeistigten Bilder nicht nur bei Anhängern der Esoterik eine ständig wachsende Liebhabergemeinde.
Dieses Buch zeigt neben Gestalten aus Märchen, Sage und Legende auch stimmungsvolle Blumenarrangements von der Hand der Künstlerin. Es bietet somit einen einmaligen Querschnitt durch ihr zum größten Teil verschollenes Werk.

Quellenvermerke: Rose Ausländer »Lichter«, aus: Ich höre das Herz des Oleanders, © S. Fischer Verlag GmbH, Frankfurt am Main 1984; Wolfgang Bächler »Wer mein Schweigen…«, aus: Nachtleben, © S. Fischer Verlag GmbH, Frankfurt am Main 1985; Hermann Hesse »Julikinder« und »Blauer Schmetterling«, aus: Die Gedichte, © Suhrkamp Verlag, Frankfurt am Main 1977; Oskar Loerke »Unterm Schwesternamen«, aus: Die Gedichte, © Suhrkamp Verlag, Frankfurt am Main 1983; Rainer Maria Rilke »Deiner ernsten Engel«, aus: Die Gedichte, © Insel Verlag, Frankfurt am Main 1957.

Reihe »Geh aus, mein Herz«

Dagmar Briel: Augenblicke des Verweilens

Elly Christoffel: Kirschblüte und Nachtigall

Leuchtend schöne Welt

Elly Christoffel/Rolf Kos: Federleichtes reines Glück

Elly Christoffel/Maria Nels: So viel hab ich zu danken

Heide Dahl/Theodor Storm: Aus sommerlichen Tagen

Jürgen Gabriel/Hans Kruppa: Ich habe einen Traum gepflanzt

Jürgen Gabriel/Ulrike Seidel: Liebessterne

Jürgen Gabriel/Grete Wassertheurer: Eine stille Stunde lang

M. I. Hummel: Alles Gute wünsch ich Dir

Kurt Merk/Susanne Hennemann: Und ich fand ein Land

Bernhard Oberdieck: Begleit mich zu den Feldern

Vom Zauber des Liedes

Else Wenz-Vietor: Geh aus, mein Herz

Sulamith Wülfing: Sanftes Leben wächst im Stillen